le hérisson

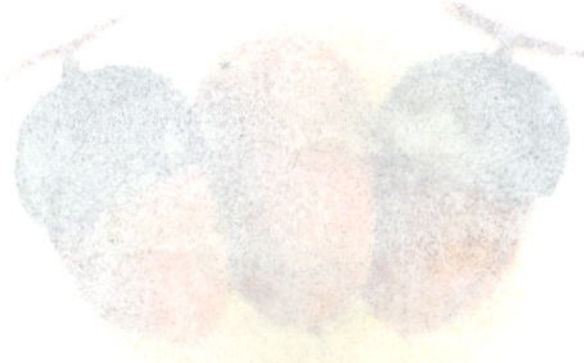

les glands

l'escargot

la boue

la primevère

la morille

le terrier

le nid

les vers

les noisettes

les étoiles

la nuit

le bec

les fougères

les oisillons

la branche

les châtaignes

la limace

la mousse

les pattes

les racines

la violette

ISBN 978-2-244-42811-6

Lito
41, rue de Verdun 94500 Champigny-sur-Marne
Imprimé en UE
Loi n° 49-956 du 16 juillet 1949 sur les publications destinées à la jeunesse
Dépôt légal : janvier 2007

Je lis
avec les animaux de la forêt

Yvette Barbetti

Éditions Lito

L'écureuil

Petit  gourmand croque  ,  et  . Il bondit de  en  et installe son petit  douillet là où il y a plein de bonnes choses à manger. Maman  et ses petits écureuils vont se régaler sur la  de ce noisetier.

Le lapin

Petit  malin, le roi des galipettes, sur un tapis de  et de , devant son , dresse ses , toujours en éveil.

Hop ! les petits  sautillent de  en , s'arrêtant de temps en temps pour grignoter quelques feuilles de .

Le sanglier

Petit  galopin gambade
parmi les  et les , se
roule dans la , fouille la
terre avec son  à la recherche
de  et de  à se mettre
sous la dent, tout près de maman
et papa  et de ses petits
frères les marcassins.

Le rossignol

Petit  chanteur, de jour comme de nuit, on entend sa mélodie. Sur ses longues , il sautille, cherche sous les feuilles les , la  et l' . Quel régal pour les  affamés qui attendent dans leur nid, le  grand ouvert, le bon déjeuner.

Le blaireau

Petit  rigolo, rayé sur le museau, dort toute la journée et se réveille la  pour aller manger une , des , un . Quel bon dîner !

Au printemps, toute la famille  va se promener sous la  et les .

Le hérisson

Petit  marron et piquant,
roulé en boule dans un lit de
, s'endort. La ,
la  et le  viennent
lui chatouiller le  ! La
nuit venue, la famille 
s'en va à la queue leu leu
chasser la  et l'.

Le mulot

Petit  rusé, rapide comme un bolide, se faufile entre la , la  et le , grimpe en haut d'un grand , grignote trois  et redescend aussi vite dans son terrier, bien au chaud, retrouver ses petits mulots.

l'écureuil

la campanule

le lapin

le muguet

la girolle

le blaireau

le lierre

le sanglier

la pervenche

les oreilles

le groin

l'arbre

le museau

les lapereaux

le bolet

le mulot

les feuilles

le rossignol

la lune

les fraises

le marcassin